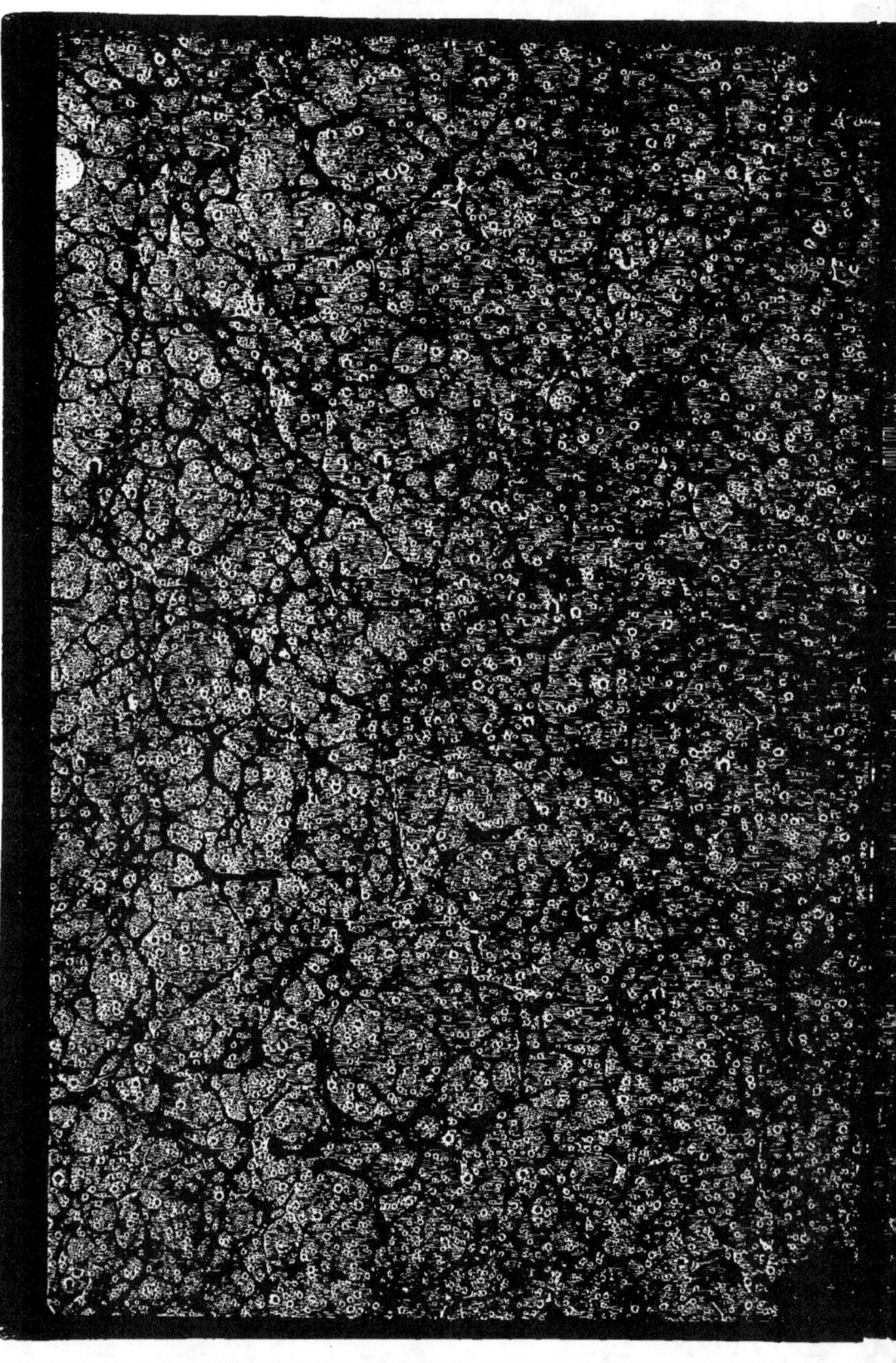

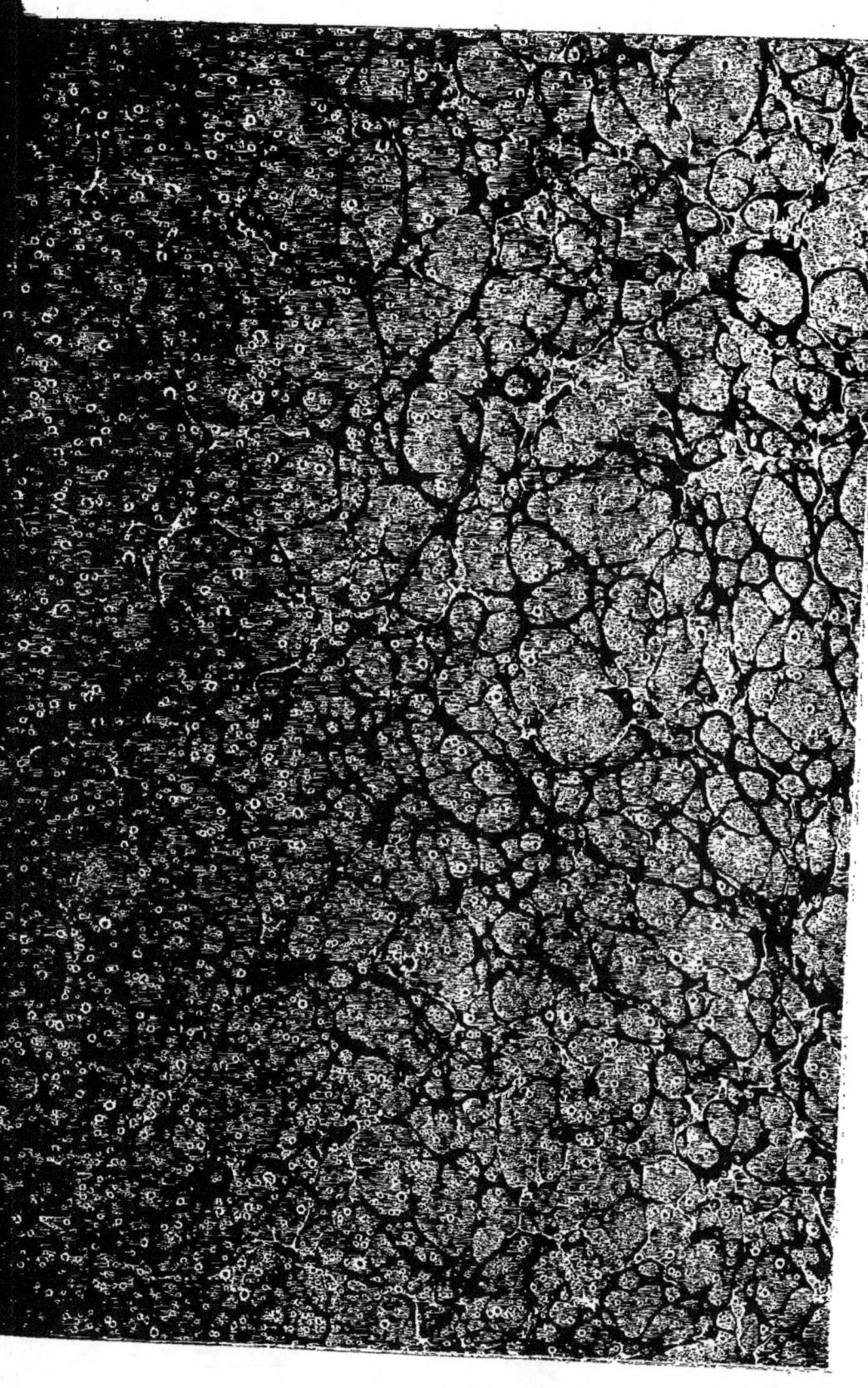

Ln 77
21979

DÉNONCIATION

A

MES CONCITOYENS

DES

VEXATIONS

QUE M'ONT FAIT ÉPROUVER

LES FIDÈLES SUPPOTS

DU

TRAITRE ROBESPIERRE,

lors du système de terreur établi dans la République.

Par SÉLIGMANN ALEXANDRE,

Manufacturier et Citoyen de Strasbourg.

Par eux tout est en sang, par eux tout est en poudre,
Et ils n'avaient du ciel imité que la foudre.

An troisième de la République française.

Dénonciation à mes Concitoyens des vexations que m'ont fait éprouver les fidèles suppôts du traître Robespierre, lors du systême de terreur établi dans la République.

Par SÉLIGMANN ALEXANDRE, Manufacturier et Citoyen de Strasbourg.

MES CONCITOYENS!

IL est sans doute consolant pour un cœur long-tems flétri par les machinations sourdes et persécutrices de la malveillance; il est doux, sans doute, pour un patriote opprimé et vexé de mille manieres différentes, de triompher des perfides menées de l'intrigue, et de sortir victorieux du combat que lui avait livré l'insatiable cupidité et l'odieux arbitraire, ennemis implacables de la probité et de la droiture.

Mais toute douce que soit cette satisfaction pour celui, qui se contente d'avoir échappé aux persécutions suscitées par ses ennemis, elle est néanmoins insuffisante pour l'homme jaloux de l'estime de ses concitoyens, qui veut extirper jusqu'à la moindre trace de noirceur, qu'une longue oppression aurait pû jetter sur sa réputation. La vie et la fortune, les facultés physiques et morales du Républicain sont à son pays; et la moindre tâche, qu'il ne s'empresse pas d'effacer de son caractère, est un préjudice qu'il cause à sa patrie.

Il est naturel que les ennemis de la liberté, les horribles satellites du Dictateur, voyant un seul jour détruire leur règne coupable d'une année entière, voyant les victimes qu'ils avaient sû entasser dans les gouffres des prisons, où leur férocité cannibale les avoit destinées aux plus affreux supplices, que, les voyant sortir de leur captivité, et des angoisses d'une mort journalière, par les heureux effets de la Révolution du 9 Thermidor; il est naturel, dis-je, qu'ils ont dû crier au modérantisme, à l'aristocratie, et à la contre-révolution, — eux qui appelloient modérantisme la marche de la justice, — aristocratie, les sollicitations d'un fils pour son père, — et contre-révolution la chûte de leur maître Robespierre, d'infâme mémoire!

Mais les bons Républicains même, ont souvent regardé tel citoyen sorti des prisons, comme un homme qui a eû l'adresse d'appitoyer ses juges sur son sort, ou qui a eû le bonheur d'obtenir sa grâce pour des fautés qu'il avoit commises. Pour détruire entièrement ces idées dans l'esprit de ses concitoyens, l'homme vraiment exempt des reproches, doit exposer sa conduite au grand jour, et dire: *Peuple, voilà mes actions, juges-en de mon civisme!*

D'un autre côté, c'est un service qu'on rend à ses concitoyens, quand on met sous leurs yeux les barbaries atroces dont un d'entr'eux a été accablé, afin que les auteurs et complices de tant de forfaits pâlissent d'effroi, à la voix terrible de la vérité, et aillent se replonger dans les marais pestilentiels du crime, dont ils n'auraient jamais dû sortir.

Un troisième avantage qui résulte du récit fidèle de leurs atrocités, c'est une nouvelle preuve de la vérité, jamais assez répétée, que *dans les Républiques démocratiques les principes sont tout, et les hommes rien.* Comment, hélas! avons-nous jamais pu adopter le contraire? Comment, par une fatalité inconcevable, avons-nous perdu de vue nos droits les plus sacrés, pour nous laisser maîtriser, comme un vil troupeau, par les agens d'une faction criminelle et abjecte, qui voulait asseoir sa domination sur le carnage, les rapines et toutes les obscénités du crime?

Il n'y a qu'une seule considération qui aurait dû peut-être me retenir dans l'entreprise que j'avais formée de publier cet exposé; c'est la crainte qu'on ne regardât comme une puérile vanité, la pureté de mes motifs. Souvent, il est vrai, cette crainte a fait échapper la plume de mes mains : j'ai long-tems balancé, jusqu'à ce qu'enfin la persuasion intime où j'étais, que ceux qui me connaissent seront les premiers à démentir une supposition si contraire à mon caractère, l'a enfin emporté : hé ! qu'importe, disais-je, quelle explication certains gens voudraient donner à mes reflexions, pourvû qu'elles soient utiles à la patrie !

Au reste, je n'entends dénoncer que des faits dans le cours de mon récit, s'il arrive que j'y nomme des personnes ou même des corps, ce n'est point dans l'intention de les inculper, mais d'indiquer à mes concitoyens d'où sont partis les coups douloureux, qui ont été portés et à moi-même et à beaucoup d'entr'eux. Que leur pénétration sache alors scruter la conduite d'un chacun et distinguer les hommes probes, et ceux qui ont été entrainés, malgré leur caractère, par le tourbillon malheureux des circonstances, de ceux qui, môteurs de nos calamités, ont seuls mérité l'indignation & le mépris de leurs concitoyens.

Comme les Terroristes, malgré l'étalage de principes dont ils se paraient, étaient souvent plus fanatiques que ceux qu'ils accusaient de fanatisme, je dois prévenir mes Concitoyens que je suis né *parmi la secte juive;* car cette circonstance a beaucoup influé sur la manière dont on m'a traité. Je suis domicilié à Strasbourg depuis vingt ans, où l'établissement d'une manufacture de tabac, ainsi qu'une autre de drap dans le Haut-Rhin, aurait dû me garantir du reproche d'*agioteur*, sur lequel on a eu la complaisance de motiver ma détention; reproche bizarre et dénué de fondement, qui n'avait pris naissance que dans le cerveau des *enfermeurs*, lorsqu'ils furent obligés par la loi de donner les motifs provocateurs des incarcérations, comme on le verra par la suite.

C'est à ces établissemens utiles et méritoires que je dois attribuer cette longue chaîne de malheurs, sous laquelle j'ai gémi pendant si long-tems, et qui a failli détruire de fond en comble l'édifice de mes travaux et de mes peines. Au lieu d'encourager ces établissemens qui, quoique la propriété d'un homme privé, n'en étoient pas moins utiles à la chose publique, en ce que grand nombre d'ouvriers y trouvaient les moyens de se sustenter, et que c'était une branche d'industrie commerciale digne de tout citoyen honnête, — l'envie et la jalousie de mes ennemis augmenterent, à mesure que mon crédit prenait de la consistance, et qu'une probité et un désintéressement à toute épreuve m'attirèrent l'estime et la considération des hommes probes et intègres.

C'est sur ce crédit basé sur ma réputation qu'on m'a supposé des richesses inépuisables, que cependant je suis bien loin de posséder; et quoique ma fortune ait dépassé la médiocrité, elle ne m'a jamais rendu égoïste, et encore moins fait oublier les devoirs, qui doivent lier un bon Citoyen à l'intérêt commun de sa patrie, c'est ce qui est prouvé par l'état ci-après (Voyez la copie N°. 1.) des grands et nombreux sacrifices que j'ai faits pour la Révolution, et qui ont absorbé plus des trois quarts de ma fortune. Je ne les ai cependant jamais regrettés, j'en ai voué même le reste à la consolidation de la liberté; j'y voue même mon sang et ma vie, et voilà les sentimens que j'ai toujours professés. Quand on donne par ce que le cœur nous y porte, par un mouvement spontané et volontaire, l'on sent sa dignité d'homme libre; mais quand on donne par ce que des bourreaux l'ordonnent, on ne sent que ses chaînes. Les injustes persécutions, les vexations arbitraires répugnent un Républicain; elles doivent être à jamais bannies du milieu d'un peuple libre, qui ne doit sentir d'autre joug que celui de sa volonté librement émise, ni d'autres chaînes que celles de la fraternité.

Le Comité révolutionnaire qui a procédé à la prétendue répartition de la taxe révolutionnaire ordonnée par St. Just et Lebas, m'a imposé à la somme exorbitante de deux cent mille livres (Voyez la copie de la lettre dudit Comité N°. 2.). Ce ne fut qu'avec beaucoup de peine que je parvins à la payer, mais je m'en suis acquitté (Voyez la copie de la Quittance sous N°. 3.), pour prouver mon obéissance aux pouvoirs constitués et pour éviter l'incarcération et les sanglans affronts dont on menaçait ceux qui ne satisferaient pas dans les vingt-quatre heures, et qu'on s'est permis impudemment de mettre à exécution contre différens honnêtes Citoyens qui se trouvaient dans l'impuissance de ramasser les sommes énormes qu'on en avait exigées.

On a mis en réquisition tous mes vins; les scellés ont été apposés sur la cave qui les contenait: pendant les deux mois que ces scellés subsistèrent, je fus obligé d'acheter dans les auberges, et à des prix étonnans, tout le vin nécessaire, tant à ma famille qu'aux ouvriers occupés aux travaux de ma manufacture de tabac, ainsi qu'aux volontaires séjournans dans ma maison, et à ceux qui avaient été mutilés dans les combats et que j'avais accueillis. — Les scellés ayant ensuite été levés, on m'enleva quatre cent mesures de vins tous très-vieux, presque tous étrangers et des meilleurs crûs du Palatinat, du Rhin, du Margraviat, de la Mozelle et du Haut-Rhin; par conséquent non sujets au maximum. Ce ne fut qu'après des démarches sans nombre que j'obtins la promesse, que la valeur m'en serait remboursée au prix de l'estimation.

Enfin le 18 Fructidor, il m'a été remis une somme de 10,600 livres seulement, sans qu'aucune estimation ne m'en ait été communiquée, et tandis que j'en aurais tiré 48 à 50,000 livres dans le tems.

Je me serais consolé de ce sacrifice, si par cette perte, j'avais co-opéré au rétablissement des braves défenseurs de la patrie, malades ou blessés dans les hôpitaux; mais apparemment on a trouvé ce vin trop bon pour eux; car j'ai appris avec douleur qu'il se trouve encore dans les caves du ci-devant Séminaire.

Le 11 et le 12 Germinal dernier, le Directoire du District accorda au Citoyen Houël, Agent supérieur du Ministre, deux réquisitions (Voyez-en les copies sous Nros 5 et 6) sur moi, pour lui fournir de mon linge.

Je doute si les Districts ont le pouvoir de disposer ainsi à volonté de la propriété des Citoyens; je sais qu'au moyen des appointemens que perçoivent les militaires, toute fourniture en logement et ustensiles a été supprimée; mais malgré tout cela, j'ai encore satisfait à ces réquisitions, quoiqu'incertain si j'en obtiendrais la restitution. Il est vrai que celle-ci m'a été faite quelque tems après, à force de réclamations; mais elle n'a pas empêché qu'on ne disposât du reste de mes propriétés, comme de celles d'un émigré.

Le 9 Prairial suivant, je fus touché d'une autre réquisition (Voyez-en la copie N°. 8.) signée de l'Administrateur de Police de la Municipalité, en conséquence d'une délibération du Directoire du District, par laquelle il m'a été enjoint d'évacuer sur-le-champ une partie de ma maison à la disposition du Commissaire-ordonnateur, pour lui, sa famille, ses commis, ses domestiques et ses chevaux.

Ce que cette réquisition avait encore de plus révoltant, c'était qu'on ne me laissa que la journée pour y obtempérer, sans doute, afin de me priver des moyens de faire entendre mes justes remontrances; il ne me resta d'autre parti à prendre que celui d'obéir, et d'évacuer sur-le-champ la plus belle partie et la plus commode de ma maison. — J'y laissais même les meubles, dont ce Commissaire pouvait avoir besoin. Il l'occupa pendant très-long-tems, même après ma mise en liberté, et me causa la plus grande gêne, et un dégât horrible des meubles.

Après tous ces attentats à mes propriétés, il ne restait plus qu'à y mettre le comble, en me privant de ma liberté. Cette dernière voie d'oppression fut encore consommée sans égard à mon âge accompagné de fréquentes infirmités; je fus reclus au ci-devant Séminaire, privé de tout secours et consolation, et accablé de tous les maux de l'esprit et du corps, inséparables d'une incarcération injuste et non-méritée.

J'avisais vainement, aux moyens de faire entendre mes réclamations; la terreur, que le système d'oppression avait généralement répandue sur mes Concitoyens, était tellement à l'ordre du jour, que personne n'eut le courage de me prêter sa plume, pour me rédiger une simple pétition, de crainte de se voir également privé de sa liberté en rémunération de sa complaisance.

Enfin, malgré le danger auquel une pareille démarche l'exposait, ma famille pressa l'Agent-national de la Commune de lui déclarer les motifs de ma détention, et en eut pour réponse que c'étaient le fanatisme et l'égoïsme qui l'avaient provoquée. Elle tâcha donc de convaincre cet Agent par les preuves les plus évidentes, renfermées dans quatre pétitions successivement présentées, que lesdites inculpations étaient vagues et sans fondement; mais quoiqu'on ne pût se refuser à la solidité de ces argumens, on s'en prévalut, au lieu de briser mes fers, pour y mettre de plus grandes entraves, et l'on se permit d'altérer le régistre en y substituant le terme d'*agioteur* à celui d'*égoïste*. — Ma famille ne fut informée de ce faux, que lorsqu'à sa demande, on lui communiqua la cause de ma détention (Voyez-en la copie sous N°. 11.) en exécution des dispositions de la loi du 12 Thermidor. Cette nouvelle inculpation se trouve encore sans fondement, puisqu'après l'examen le plus rigoureux de mes papiers,

papiers, il ne résulta pas l'ombre de preuve d'un pareil forfait.

Pour m'abymer entièrement dans mes malheurs, et pour détruire les débris de ma fortune, en même tems qu'on s'acharnait contre ma personne; l'on arrêta le Citoyen Abraham Auerbach, mon associé, chargé spécialement de la surveillance de ma fabrique de tabac, qui souffrait considérablement par l'arrestation subite et imprévue de ces deux chefs. Des sauces préparées pour la confection des tabacs se gâtèrent, et des feuilles de Virginie brûlèrent pendant notre détention.

Je souffrais ainsi pendant deux mois et demi les angoisses d'un emprisonnement, dont les suites qu'on en craignait, augmentaient d'autant plus mes frayeurs, que pour me laisser ignorer le sort qu'on me destinait, toute communication avec ma famille me fut interdite, et à cet effet, on m'avait privé de l'usage du papier, crayon, plume et encre, sans que mon incarcération

B

ait été précédée d'un interrogatoire, qui m'aurait sans doute fourni les moyens de me laver et justifier des inculpations criminelles, dont la malveillance, l'envie ou la jalousie m'avaient chargés.

Parvenu enfin à me faire délivrer par écrit copie du mandat d'arrêt laché contre moi (Voyez la copie N°. 9.) et des motifs de ma détention, en exécution de la loi du 18 Thermidor, j'ai vu avec la derniere surprise dans ledit mandat d'arrêt, ainsi que dans celui de mon associé Abraham Auerbach (Voyez la copie N°. 10.), signés tous les deux *Mathéus*, que nous avions été mis en arrestation *conformément à la Loi du 17 Septembre 1793, vieux style, concernant les gens suspects*; tandis qu'aucun motif de suspicion articulés déterminément par la loi, n'a jamais pu nous être appliqué; car nous n'avons point de parens émigrés; nous ne sommes ni ex-nobles ni ex-prêtres : la prévention fanatique contre les juifs ne nous a pas confié des fonctions publiques. — Cependant l'on m'a arraché du sein de ma famille; l'on m'a confondu parmi les gens suspects; l'on m'a appliqué une loi qui m'était inapplicable ; ne s'y agissant ni de *fanatiques* ni d'*égoïstes*, qualités qu'on m'avait faussement attribuées, encore moins d'*agioteur*, qu'on avait ensuite, avec aussi peu de fondement et de bonne-foi, substitué à celui d'égoïste, en changeant et par conséquent *falsifiant* le régistre.

Telles sont les extrêmités auxquelles l'affreux système de l'infame Robespierre a porté ses fidèles suppôts, pour opprimer les citoyens qui ont fait pour la révolution tout ce que l'intérêt le plus tendre peut inspirer, en transgressant toutes les lois, en prêtant à leurs dispositions salutaires les interprétations les plus sinistres, en foulant aux pieds les droits les plus sacrés de l'humanité, — pour satisfaire aux passions qui les agitaient.

Victimes de ce parti sourdement ourdi contre la liberté française, nous gémirions peut-être encore dans la captivité, ou bien nous aurions grossi le nombre des innocens suppliciés par les ordres de ces êtres dégénérés de l'espèce humaine, si par l'immortelle révolution du 9 Thermidor nous n'étions parvenus à faire entendre nos cris plaintifs au Comité de Sûreté générale, qui a enfin prononcé notre mise en liberté. (Voyez la copie de cet arrêté sous N°. 12.)

Voilà, chers Concitoyens, les oppressions auxquelles j'étais en proie. La conduite de la Municipalité doit paraître d'autant plus étrange et inconcevable, qu'en tout tems elle m'avait accordé, même par écrit et sous son sceau public, le témoignage du plus pur patriotisme (Voyez la copie N°. 4.), jusqu'à me confier des fonctions, dont je me suis acquitté avec tout le zèle et l'empressement, qui lient l'homme libre à sa patrie.

Mais oublions cet enchaînement funeste et désastreux de conspirations contre la liberté générale et individuelle; — le ressentiment ne doit pas habiter le cœur du Républicain ; — il est l'appanage des tyrans et des esclaves, des dominateurs et des hommes sanguinaires ! — Ne tirons d'autre résultat de ces écrits douloureux, que celui de nous prémunir à l'avenir contre toute confiance aveugle dans les individus ; de ne jamais transiger sur les principes, et que le but de toutes nos actions soit la prospérité de notre pays, le maintien du gouvernement populaire, et le salut de la République une, indivisible et démocratique !

PIECES JUSTIFICATIVES.

N.ro 1.

ÉTAT

des payemens extraordinaires, des dons patriotiques et des pertes, faits par *Séligmann Alexandre*, manufacturier et Citoyen domicilié à Strasbourg, pendant le cours de la révolution.

A. *Contributions extraordinaires.*

1°. Contribution patriotique payée à la fois	3,040^{tt}
2°. Contribution aux frais de la guerre.	1,036
3°. Taxation pour le secours des parens des volontaires indigens, payé en trois termes . .	3,000
4°. Fourniture d'un uniforme complet selon les ordres de la Municipalité.	240

5°. Fourniture de cinquante deux livres de vases et vaisselles de cuivre, dont je ne sais estimer la valeur.

B. *Contributions extraordinaires remboursables.*

6°. Taxe révolutionaire par forme d'emprunt	200,000^{tt}
7°. Emprunt volontaire	16,000

C. *Dons volontaires.*

8°. Engagement d'un volontaire entretenu à mes frais depuis la déclaration de guerre . . .	102^{tt}
auquel je paye 300 livres par an, ce qui fait pour 2 années	600
9°. Don fait à la Société populaire	300
10°. Don pour les volontaires en Avril 1793 (v. st.)	300
11°. Don pour l'équipement d'un cavalier	200
12°. Don de vingt chemises neuves fait à la Section, estimées à	200
13°. Don à la Société populaire en argenterie, montres et habits, estimé à	844
14°. Don à la Section en bas, souliers, habits, manteau etc., estimé à	400
15°. Don fait à deux volontaires	

blessés après les avoir logés et
nourris pendant deux décades   100#

16°. Don pour ma part aux quatre
drapeaux tricolores, que le 3ᵉ
bataillon de la garde nationale
a présentés à la Commune,
pour annoncer nos victoires en
flottant sur le temple de l'Être
suprême.   100

17°. Don pour les femmes et enfans
des ouvriers indigens comman-
dés à la construction des ou-
vrages près Landau, payé au
Capitaine de ma compagnie .   250

18°. Don au Comité permanent du
Conseil général de la Commune pour ma part aux frais de
la fête du 20 Prairéal . . .   100

19°. Don de huit draps de lit four-
nis aux sollicitations du Commissaire adjoint de police, dont
on m'avait promis la restitution
après trois décades, mais que
je n'ai jamais obtenue, estimé
à   150

D. *Pertes essuyées tant par suite des circonstances que par l'abus d'autorité.*

20°. Perte sur 400 mesures de vins
presque tout étranger & très-
vieux de 15, 20, 25 jusqu'à 30

ans, mis en réquisition et payé de 10,600 livres, tandis qu'on en aurait tiré 48,000 livres au moins, dans le tems. . . .   37400ᵗᵗ

21°. Perte sur une quantité de draps mise en réquisition tant à Strasbourg qu'à Cernai, dans ma manufacture   5000

22°. Perte sur différens envois de tabac à Lyon, dont l'acquéreur s'est évadé de crainte d'être enfermé   14000

23°. Perte sur quatre-vingt quintaux de laine très-fine de Bohème, qui me revenait à 1250 liv. le quintal, et que j'ai vendu en Brumaire l'an 2ᵉ. au maximum de la laine du pays à 320 liv., parce que je n'ai reçu aucune réponse sur mes diverses réclamations, et ma prétention que cette laine comme étrangère ne doit pas être sujette au maximum, et que j'ai préféré de perdre ma fortune que de tomber sous les mains du Tribunal atroce de Schneider.   74000

24°. Perte sur une autre quantité de la même laine, dont la valeur m'était due depuis longtems par des fabricans de Bischwiler et de Strasbourg, et qui profitant des circonstances, m'en ont payé au prix du maximum — payement que la susdite crainte m'a fait accepter, malgré la loi qui aurait prononcé en ma faveur . . . 10080ᵗᵗ

25°. Perte consistante dans le dégât des sauces et des feuilles de tabac brûlées pendant la détention de mon associé Abraham Auerbach, que je ne sais estimer aussi peu que celle que le défaut de surveillance de ce chef y a occasionné pendant les deux mois et demi de son incarcération.

N°. 2.

Copie.

Strasbourg, le 15 du 2 de l'an 2 de la République française.

EN conséquence de l'arrêté des Représentans du Peuple du 10 de ce mois, le Cit. *Alexandre*, rue du Dôme, versera dans la caisse du Cit. Blanchot, trésorier général de l'armée, dans vingt-quatre heures, par forme d'emprunt, la somme de *deux cents mille livres*, et fera viser sa quittance au Comité de Sûreté générale.

Par ordre du Comité,

Signé : GARNIER, *Secrétaire, avec paraphe.*

Copie.   N°. 3.

TIMBRE.

En vertu des ordres des Représentans du Peuple contenus en ceux adressés au Comité de Surveillance générale de cette ville, je reconnais avoir reçu du Citoyen *Alexandre*, rue du Dôme, la somme de *Deux cens mille Livres*, qu'il a versée à ma Caisse; savoir :

No.			
66	le 15 Brumaire l'an 2.	Cinquante mille livres, ci	50,000 l.
256	le 18 id.	Vingt mille livres, ci	20,000 l.
314	le 20 id.	Dix mille livres, ci	10,000 l.
367	le 22 id.	Huit mille livres, ci	8,000 l.
423	le 27 id.	Douze mille livres, ci	12,000 l.
457	le 7 Frimaire	Quinze mille livres, ci	15,000 l.
458	le 8 id.	Quatre-vingt-cinq mille l.	85,000 l.
		Total	200,000 l.

Conformément à la Circulaire qui lui a été adressée par ledit Comité en date du 15 Brumaire qui servira de titre, de laquelle somme je compterai aux Citoyens Représentans du Peuple, qui ordonneront l'emploi et la distribution desdits fonds, ou à tous autres, d'après leurs ordres.

Fait double à Strasbourg le huit Frimaire, l'an 2 de la République française, une et indivisible.

Pour deux cens mille livres pour Duplicata,

Signé : BLANCHOT, avec paraphe.

Copie. N.° 4.

Nous les Officiers municipaux de la Commune de Strasbourg, sur ce qui nous a été exposé par notre Concitoyen *Séligmann Alexandre*, que le 14 Août v. st. il avait adressé à *Isaac et Compagnie* à Commune-affranchie, quatre tonneaux de marchandises; mais qu'aulieu d'être rendus à leur destination, ils étaient restés au Bureau de coche à Macon, et que, pour retirer lesdites marchandises, il avait besoin d'un Certificat de civisme; vû aussi les peines à l'appui de cet exposé, certifions à tous qu'il appartiendra, que ledit *Séligmann Alexandre* s'est toujours montré bon Citoyen, et attaché aux principes de liberté et d'égalité.

En foi de quoi nous lui avons fait délivrer les présentes, auxquelles nous avons fait apposer le sceau de la Municipalité.

Fait et arrêté en séance publique à Strasbourg, dans la Maison commune, le vingt-deux Ventôse, l'an second de la République française, une et indivisible.

(LS.) *Signé*: Hugard, Grandmoujen, Plarr, Mertz, Rouge, J. M. Sulzer; Matthæus, *Agent-national*, et Rumpler, *Secrétaire-Greffier*.

Enrégistré à Strasbourg le vingt-quatre Ventôse, an 2 de la République française, une et indivisible. Reçu vingt sols.

Signé: Gallimard.

Copie. N°. 5.

LIBERTÉ.   ÉGALITÉ.   FRATERNITÉ.

Strasbourg, le 1er Décadi Germinal, l'an 2 de la République française, une et indivisible.

LE Citoyen Alexandre fournira à l'Administration du District dans la journée, pour l'usage du Citoyen Houel, adjudant-général et agent supérieur du ministre, trois paires de draps et six serviettes, qui lui deviennent dans les circonstances actuelles, indispensablement nécessaires.

Signés: Mainoni, *Agent-national;* Christmann, *Secrétaire.*

J'ai reçu trois paires de draps et six serviettes, comme il est dit ci-dessus.

Signé: Reinhard, *Tapissier.*

Copie. N°. 6.

ARMÉE DU RHIN.

LIBERTÉ. UNITÉ. ÉGALITÉ.

Strasbourg, le 12 Germinal, l'an 2 de la République française, une et indivisible.

Le Citoyen HOUEL, *Adjudant-général, Agent supérieur pour l'incorporation de la première réquisition;*

Au Citoyen MAINONI, *Agent-national.*

JE prie l'Agent national d'ordonner qu'il me soit fourni trois paires de draps et quatre serviettes pour mes deux adjoints, N°. 18. rue des Veaux.

Signé: Houel, *avec paraphe.*

Vû la demande ci-dessus et l'urgence du service.

Ouï l'Agent-national;

Les administrateurs du District de Strasbourg, considérant que c'est principalement les riches qui doivent contribuer aux besoins du service public; considérant que toutes les toiles sont en réquisition, et que le pétitionnaire ne peut s'en procurer que par cette voie.

Arrêtent

Arrêtent en séance publique que le Citoyen Alexandre Séligmann, domicilié en cette Commune, sera réquis de fournir à la reception de la présente délibération, au Citoyen Houel, Adjudant-général, Agent supérieur pour l'incorporation de la première réquisition, trois paires de draps et quatre serviettes, outre ceux qu'il a déjà mis à la disposition du pétitionnaire.

Fait au Directoire par les Administrateurs du District de Strasbourg, ce 12 Germinal l'an 2 de la République française, une et indivisible.

  Signés: Mainoni, *Agent-national;* Buri, Kugler, *Secrétaire-adjoint.*

<u>Copie.</u>   N°. 7.

Strasbourg, le 29 Germinal, l'an 2 de la République française, une et indivisible.

LIBERTÉ. ÉGALITÉ ou LA MORT.

CITOYEN,

Aux termes de la loi du 21 Pluviôs dernier, qui ordonne la nomination d'une commission chargée de constater ce qui est dû aux familles indigentes des défenseurs de

C

la patrie et de régler leurs comptes, le corps municipal, dans sa séance du 25 Germinal, t'a confié l'honorable emploi de Commissaire-distributeur, et désigné pour être membre de ladite Commission; il t'invite en conséquence de te rendre primidi prochain, premier Floréal à 9 heures du matin, dans la salle du Conseil-général, pour commencer l'opération.

SALUT ET FRATERNITÉ,

Signé: Bierlyn, *Officier-municipal.*

Copie. N°. 8.

DÉPARTEMENT DE POLICE.

LE Citoyen Alexandre, rue de la Philosophie, est réquis de fournir un logement convenable au Citoyen Laserre, Commissaire-ordonnateur, et ce dans la journée, en exécution d'une délibération du Directoire du District de Strasbourg, en date du 8 de ce mois.

Strasbourg, le 9 Prairial, an 2 de la République française, une et indivisible.

PAR ORDONNANCE,

Signé: Guérin,

Chef du Bureau de Police, avec paraphe.

Copie.   N°. 9.

LE Concierge de la maison d'arrêt du ci-devant Séminaire recevra dans ladite maison le nommé Alexandre, Banquier, rue de la Philosophie, pour y être détenu, conformément à la loi du 17 Septembre 1793, (v. st.) concernant les gens suspects.

Strasbourg, le 11 Prairéal, an 2 de la République française, une et indivisible.

L'Agent-national près ladite Commune.

Signé : Matthæus.

Pour copie conforme à son original,

Le Concierge de la maison de sûreté, ci-devant Séminaire,

Signé : Muhy.

Copie. N°. 10.

Le Concierge de la maison d'arrêt du ci-devant Séminaire recevra dans ladite maison le nommé Abraham Auerbach, Fabricant de tabac, rue Elisabeth, pour y être détenu *conformément à la loi du 17 Septembre 1793 (v. st.), concernant les gens suspects.*

Strasbourg, le 11 Prairéal, an 2 de la République française, une et indivisible.

L'Agent-national près ladite Commune.

Signé : Matthæus.

Pour copie conforme à son original,

Le Concierge de la maison de sûreté, ci-devant Séminaire.

Signé : Muhy.

Copie. N°. 11.

EXTRAIT de l'État nomminatif des personnes suspectes détenues au ci-devant Séminaire national, par arrêtés du Corps municipal de la Commune de Strasbourg, transcrit sur les Régistres de la Municipalité, en date du 5 Messidor, an 2 de la République française, une et indivisible.

Nom du Détenu   Alexandre.
Profession   Banquier.
Motifs de détention   Agioteur et Fanatique.
Époque de la détention   Onze Prairéal II.

Collationné,

Signé : D o r o n, *Secrétaire-greffier-adjoint.*

Copie.   N°. 12.

Comité de Sûreté générale et de Surveillance de la Convention Nationale du 3 Fructidor, l'an 2 de la République française, une et indivisible.

Vû les attestations des Communes de Strasbourg et de Bischheim au Saum, le Comité arrête que les Citoyens Alexandre et Abraham Auerbach, détenus au ci-devant Séminaire national à Strasbourg, seront mis en liberté, et les scellés levés au vû du présent arrêté.

Les Représentans du Peuple.

Signé : A. Dumont, Louis *du Bas-Rhin* ; M. Bayle, Merlin, Legendre, Dubarras.

Pour copie conforme,

Signé : Kugler, *Secrétaire-adjoint.*

De l'Imprimerie de Treuttel et Wurtz, à Strasbourg.

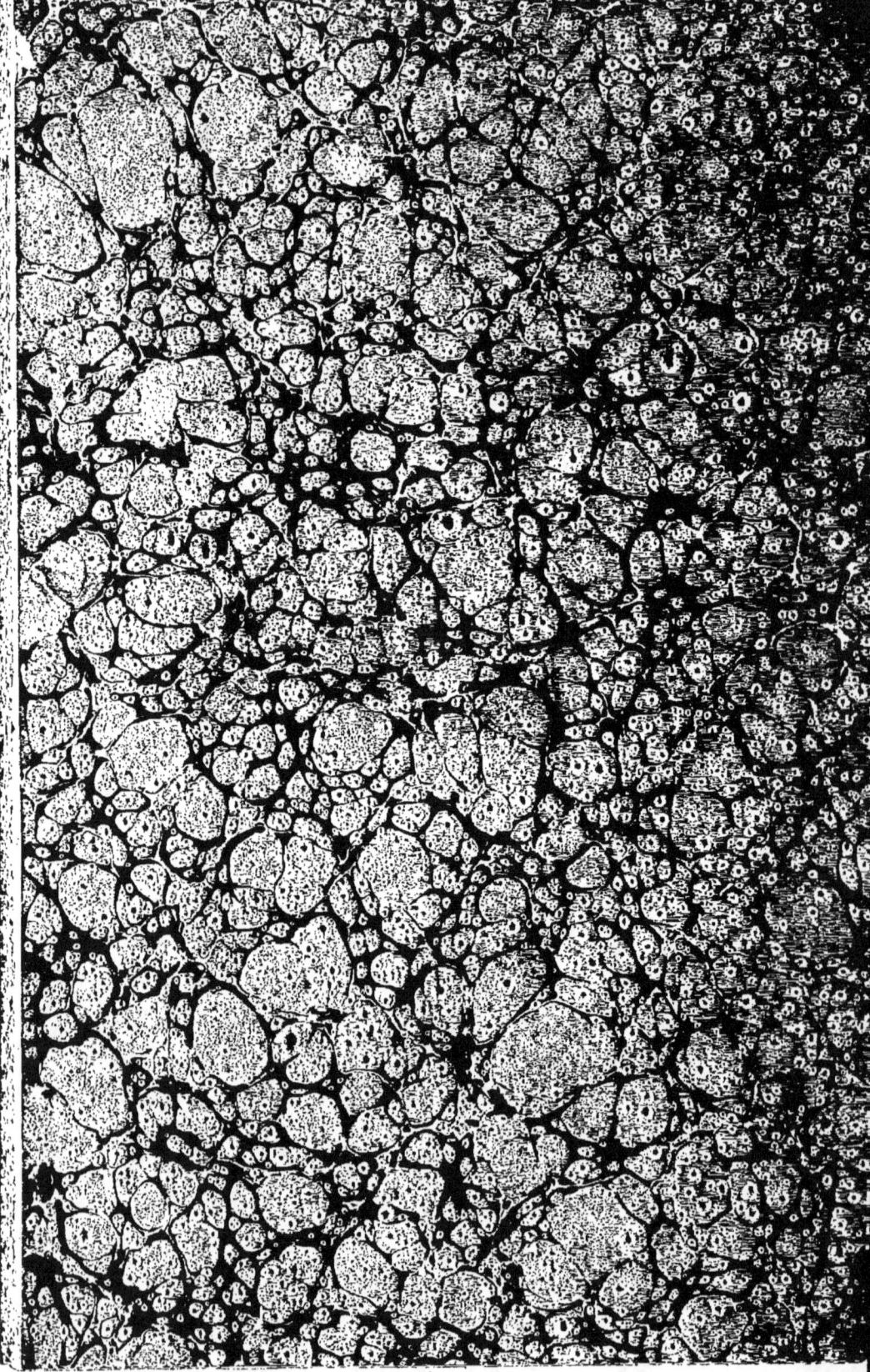

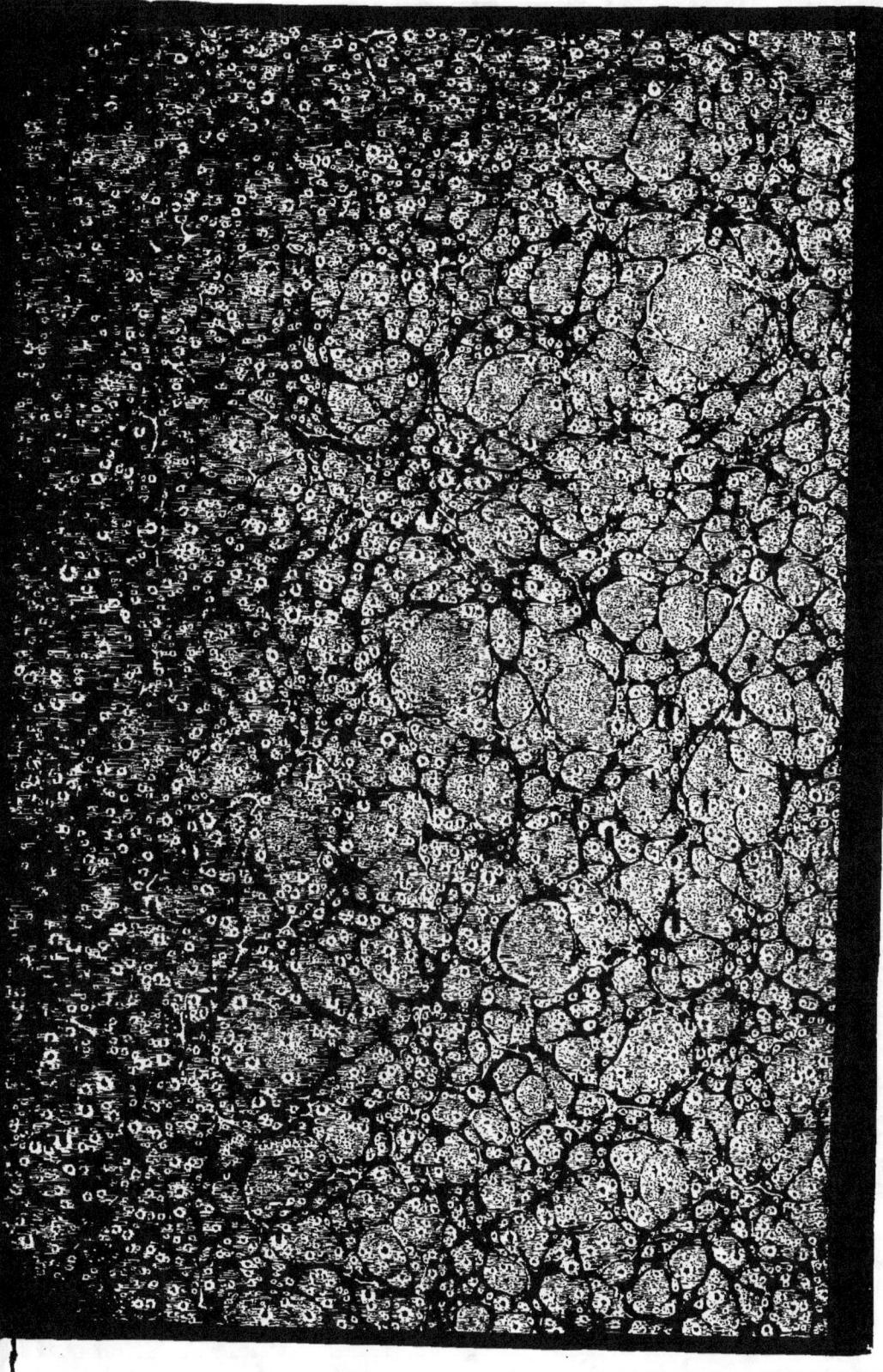

www.ingramcontent.com/pod-product-compliance
Lightning Source LLC
LaVergne TN
LVHW020052090426
835510LV00040B/1668